LA COPPIA CHE SCOPPIA

ALICE DE ROSA
MIRKO LEONARDO

LA COPPIA CHE SCOPPIA

Manuale di sopravvivenza alla vita insieme

MONDADORI

SIAMO PRONTI?
SI PARTE!

HAI FATTO LA VALIGIA?
COME NO!

Preparazioni, viaggi, mete e ritorni

A: Mirko, allora, ci sei?
M: Sì, sì ci sono.
A: E perché non sei qui davanti alla porta pronto a partire? Dobbiamo andare, ché altrimenti non arriviamo all'aeroporto in tempo e poi ci succede che…
M: Sì, sì, ci sono, ti ho detto, ci sono quasi.
A: Che vuol dire "ci sono quasi"?
M: Che in un attimo sono pronto.
A: Dai, non voglio correre o rischiare di trovare casino! Quanto dura questo attimo?
M: Cinque minuti!

Cinque minuti aveva detto lui.

Ma la vera domanda è: quanto durano cinque minuti per i comuni mortali? Perché cinque minuti, per Mirko, possono essere anche delle ere. E Alice questo lo sa bene. Anzi, potrebbe anche scommettere che non ha nemmeno finito di fare la valigia.

A: Hai fatto la valigia?
M: Come no!
A: Quindi, sì?

Alice va in stanza a controllare.

M: Quindi la sto facendo.
A: Ma non è possibile, Mirko! Dovremmo già essere sui mezzi, e tu sei ancora a fare la valigia. Ma perché non l'hai fatta ieri?!
M: Perché partiamo oggi, mi spieghi perché la dovevo fare ieri?
A: Perché, da che mondo è mondo, quando si parte, la valigia si prepara prima!
M: E infatti la sto preparando prima, mica siamo già partiti.
A: Ma prima prima! Un giorno, prima, anche due!
M: Mamma mia, Alice che ansia! Rilassati! Vedrai che ci metto un attimo a finirla, mica come te che ci infili anche la lampada del comodino, ché magari quella che troviamo non illumina bene!

→ La valigia di Alice

Alice ha un metodo, idee chiare e, soprattutto, tempo. Inizia a preparare la valigia almeno ventiquattro ore prima della partenza prevista da casa, ventiquattro ore che possono diventare anche quarantotto se il viaggio è oltreoceano.

Sa tutto quello che deve prendere e se le viene la domanda: “Ma che faccio porto anche questo, per sicurezza?”, la sua risposta è sempre “sì”. Sì, perché non sai mai che cosa potrebbe capitare, non sai mai di che cosa potresti aver bisogno, e, una volta che sei in vacanza, mica vuoi perdere tempo a cercare i cerotti, uno shampoo e altri generi di prima necessità!

E allora: quindici paia di magliette a maniche lunghe e sette a maniche corte, anche se è inverno. Mutande come se piovesse, anche qualcuna di Mirko, per sicurezza; calzini, almeno tre paia di scarpe, anche se staranno via due giorni. Pantaloni lunghi pesanti («Mi hanno detto che fa freddo.»), ma pure un paio corti, non si sa mai. Magari pure quelli da ginnastica, metti che venga voglia di fare un po' d'esercizio...

M: Alice, tu non fai MAI ginnastica!

A: Appunto, magari mi viene voglia. Per favore amore, invece di interferire con la mia di valigia, vai a fare la tua?

M: Vado, vado, cinque minuti.

Rieccoci con i cinque minuti.

Ma Alice è così concentrata che nemmeno ci fa caso. Sta cercando di chiudere tutto. Incastra, piega, ottimizza gli spazi. E alla fine ci riesce sempre, e questa per Mirko è una magia arcana.

M: Ma ti sei portata dietro pure i cerotti? Veramente?

A: Eh, be', certo, vuoi andare in giro senza i cerotti? E se ti fai un tagliettino?
Uh! Aspetta che mi sono dimenticata i cotton fioc! E le salviettine per togliere il trucco?
Mirko vai a fare la tua valigia, lo vedi che mi distrai e che rischio di dimenticarmi roba fondamentale?

→ La valigia di Mirko

Anche Mirko ha le idee molto chiare e sa che cosa deve mettere nella sua valigia.

È concentrato, non si perde in dettagli che potrebbero fargli sprecare tempo. Non vuole portarsi appresso roba inutile, o pesante, o che potrebbe effettivamente non servire (soprattutto sapendo che Alice gli rifilerà anche la sua valigia, e che quindi ne avrà due da trasportare). Lo fa un po' all'ultimo minuto, questo è vero, ma si conosce e sa quello che gli serve.

Mutande, calzini, un cambio, la divisa da calcetto che non si sa mai (e comunque può utilizzare anche solo la maglietta), le cuffione, la reflex. Ah già, lo spazzolino. Fatto!

Il bagaglio è sempre ridotto al minimo, perché Mirko, come ogni uomo, fa la valigia con un innato ottimismo di base. Perché qualcosa dovrebbe andare storto? Perché dovrebbe aver bisogno delle forbicine per le unghie, se le unghie se le è già tagliate a casa? Perché dovrebbero servirgli i cerotti, visto che li avrà usati l'ultima volta nove mesi fa? Perché si dovrebbe macchiare l'unica felpa che porta? Perché dovrebbe aver bisogno delle lenti a contatto se non porta nemmeno gli occhiali?

A: Mirko, è solo per sicurezza. Metti che ti si abbassa la vista quando sei là? Scusa, cosa stai facendo? Già la chiudi, la valigia? Non è possibile che tu abbia già finito.

M: Ho fatto, ho fatto, anzi, forse qualcosa lo devo pure togliere perché mi pare che non si chiuda tanto bene. Visto? Ci ho messo un attimo!

A: Voglio proprio vedere se poi mi chiedi di prestarti qualcosa.

M: Mamma mia, non ricominciare a fare l'esagerata.

A: Mirko, una volta mi hai chiesto di prestarti anche le mutande!

FINISCE SEMPRE COSÌ, PERCHÉ?
PERCHÉ LO VUOI TU, LO SAI, VERO?

M: Avevo fatto male i conti.

A: Eh, non avevi nemmeno la cintura. E la sciarpa?

M: Ma da quand'è che sei diventata così puntigliosa?

A: Da quando mi dici che ti ci vogliono cinque minuti e che dovrei fare come te!

M: Peccato che poi, regina dell'organizzazione, la tua valigia la deve portare il sottoscritto a destra e sinistra, su e giù per le scale, quindi la mia, per forza, dev'essere leggera, altrimenti muoio a trascinarne due!

A: Adesso non fare la vittima!

M: No, no, per carità, che vittima! Nemmeno un taxi si può prendere, tanto tu hai il tuo schiavo personale che ti porta le cose...

A: È una questione di risparmio! Ma sai quanto ci costerebbe un taxi?

Ecco, parliamone. In una coppia c'è sempre qualcuno che tende a non spendere troppo...

M: No, un momento, sul non spendere troppo sono d'accordo anche io, ma un conto è stare attenti, un conto è...

A: Mi lasci finire il discorso senza interrompere, Mirko?

... E un altro che invece è sempre più spendaccione.

M: Vedi che passo come uno spendaccione? Ma non è questione di spendere i soldi a caso! Vogliamo ricordare quando al mare ti sei impuntata, dietro a una coda chilometrica per un panino, che non avresti mai pagato un pass da 2 euro per saltare la fila?

A: Ma certo che no! Il panino costava 2 euro e 50, non era nemmeno in discussione il pagare il doppio per saltare un po' di fila!

M: Saremo stati lì ad aspettare in piedi almeno un'ora, tutti sudati, con quaranta gradi all'ombra: avremmo risparmiato un sacco di tempo! E così vale anche per il taxi! Certo che il taxi ci costa di più, ma vuoi mettere la fatica di non dover portare le valigie?

A: Sei sempre il solito pigro!

M: Sono pigro, eh? E vogliamo parlare di quando hai deciso di prendere una casa, invece che a Parigi, in una cittadina a un'ora di distanza, perché avevi visto che spendevamo meno?! Poi, infatti, tutti i soldi che abbiamo risparmiato per la casa li abbiamo dovuto mettere – e pure di più – in biglietti del treno per arrivarci, a Parigi!

A: Vabbè, non è che devi proprio segnarti tutto…

M: O quando al ristorante a New York con tuo cugino hai detto che offrivi volentieri tu, ma non avresti MAI dato una mancia del venti per cento?!

Ma non perdiamoci in dettagli! Una volta fatta la valigia, una volta arrivati alla meta davvero senza perdere l'aereo, siamo pronti per iniziare il nostro viaggio, per visitare cose nuove e sconosciute, nuove prospettive e...

→ Come organizza la giornata Alice

...E allora pronti, partenza, via! Sveglia presto, ché è un peccato rimanere a poltrire nel letto, quando ci sono un sacco di cose belle e interessanti da vedere! Colazione (soprattutto se è inclusa in albergo) e poi via, si parte con la tabella di marcia! Sì, perché Alice ha la sua lista di cose da fare, esperienze da provare, posti da vedere.

M: Alice, scusa, ma non eravamo in vacanza?
A: Sì, certo.
M: E allora, così mi fai venire l'ansia! Ma non possiamo svegliarci un pochino più con calma?!
A: Macché ansia, in vacanza ci vuole organizzazione! Uno va in altri Paesi mica per stare in camera, o a letto a giocare ai video giochi, ma per visitare dei posti nuovi!
M: Come quando mi hai fatto fare un'ora di strada per vedere, sotto l'acqua, una piazza, come decine di altre piazze nel mondo, che al centro aveva una statua?

A: Mirko, io non lo dico di che piazza stai parlando, perché altrimenti ci fai pure una figuraccia!

Alice studia, pianifica, prende la mappa e organizza. Legge tutto sul materiale che ha a disposizione, anche a voce alta, soprattutto a voce alta, e fa la guida per tutti, anche quando nessuno glielo avrebbe chiesto.

Come avere un'audioguida che parla in continuazione, senza fermarsi un momento.

→ Come organizzerebbe la giornata Mirko

La prima cosa da dire è che Mirko, di fatto, non organizza mai la giornata, perché è Alice che decide tutto e lui accetta in silenzio, come un orso di peluche.

A: Ma se siamo sempre d'accordo, amore!

M: Siamo sempre d'accordo perché decidi tutto tu, quindi certo che siamo d'accordo. Però questo ha dei vantaggi, ovvero che se un posto fa schifo, posso sempre dire: "Eh, ma lo hai scelto tu!".

A: Hai ragione, ma se fosse per te, ci si sveglierebbe alle 10 per iniziare a girare, alle 12 a quel punto avresti fame e vorresti metterti a tavola, e la mattina sarebbe passata senza vedere nulla.

MA SE SIAMO
SEMPRE D'ACCORDO,
AMORE!

...PERCHÉ DECIDI
TUTTO TU!

M: Peccato che poi non si riescano a fare cento metri lineari perché tu ti devi fermare a fare una foto in ogni momento; ma che dico una foto, una ventina di foto, e poi la storia, e poi rispondere ai commenti. Sai quante cose si potrebbero visitare mentre tu ti fai le foto e le storie?!

A: Vabbè, se vuoi attaccare briga, ti lascio fare. Cambiamo argomento…

→ SPECIALE: il mare

Ah! Qui siamo in territorio neutro, perché sul mare Alice e Mirko sono d'accordo, nel senso che piace a entrambi, e molto, molto, molto di più della montagna. Ottimo, siamo a cavallo! Si va, allora? Pronti?!

A: Intanto diciamo che il primo punto che ho dovuto risolvere è stato che Mirko, all'inizio, concepiva solo il mare della Calabria. Quando gli ho proposto di andare in Sardegna mi ha detto: «E perché?! Che avrà di meglio del mare di casa?!». Poi quando ha visto Stintino…

Peccato però che si aprano capitoli e capitoli interi di discussione su quando si debba andare al mare, su come, su dove, su quale spiaggia scegliere...

M: Secondo te, si dovrebbe andare alle 8 di mattina e tornare alle 8 di sera.

A: Io dico solo che non si può ragionare come se fossi a casa tua, in Calabria: lì attraversi la strada, ti butti in mare, fai il bagno, e dopo che sei stato dieci minuti al sole vuoi subito ritornare in casa!

M: Adesso arrivo anche a quarantacinque minuti! Ma poi, perché dopo mi dovrei cuocere al sole? Vado in casa, e poi ritorno quando ho voglia di fare un altro bagno!

A: Ma se non siamo così vicini, una volta che si arriva in spiaggia ci si sta almeno un po'!

M: A fare cosa?! Non c'è nessuno con cui chiacchierare! Tu ti stendi e ciao! L'unico movimento che fai è rigirarti: pancia all'insù o pancia in giù!

A: Certo, perché mi rilasso!

M: Ma come si fa a rilassarsi così?!

A: Come si fa a rilassarsi giocando con il cellulare tutto il tempo sotto l'ombrellone?! Senza contare che se ti riportassi in hotel, o a casa, ti butteresti sul letto e poi chi ti rialzerebbe più?!

→ SPECIALE: Mamma ho perso l'aereo

Per la serie, anche se sei pronto può succedere davvero e infatti è successo veramente. Anche ad Alice e

Mirko. Quindi non fate tanto i fenomeni pensando che a voi non capiterà mai, che siete degli esperti, che avete preso centinaia di voli e questa roba accade solo nei film. Non fate questo errore da dilettanti.

Di cosa stiamo parlando? Di perdere l'aereo!

Com'è successo? Potremmo raccontarvi aneddoti incredibili di nebbia, tormente, voli cancellati, code chilometriche, scioperi, rivolte, rivoluzioni, ghigliottine (Alice e Mirko, in effetti, erano a Parigi, aspettando la loro coincidenza per New York), e invece la verità è che è accaduto quello che capita in mille dei vostri incubi: si arriva per tempo all'aeroporto, tanto che ci stanno pure due colazioni, si passano i controlli, si raggiunge il gate giusto (il tutto in orario, malgrado Mirko). Peccato che una volta lì, i nostri si siano addormentati. E addormentati parecchio, fino a che una voce metallica li ha risvegliati dal loro sonno ristoratore: il loro gate per il volo definitivo non era più il K, ma il gate L. Vabbè, che ci vuole, saranno accanto no? Ma per logiche che sfuggono anche ai più intelligenti, i due gate no, non erano vicini.

Bisognava uscire dall'aeroporto, prendere una navetta e fare dei nuovi controlli.

Troppo tempo per stare nei trenta minuti che i nostri due eroi avevano da quando si sono svegliati alla partenza dell'aereo: e, infatti, il volo l'hanno perso clamorosamente. E mentre Alice già si immaginava su un treno per tornare a Torino, con la vacanza a New York totalmente rovinata, indovinate che cosa ha svoltato la situazione? La maestosa calma di Mirko (o la pigrizia del non volersi arrendere al fatto di dover prendere un treno per tornare a casa). Ha fatto la coda, ha parlato con l'assistenza, e l'aereo sostitutivo è stato servito! È bastato aspettare (o dormire?) qualche ora in più.

Quando si dice che tutto serve.

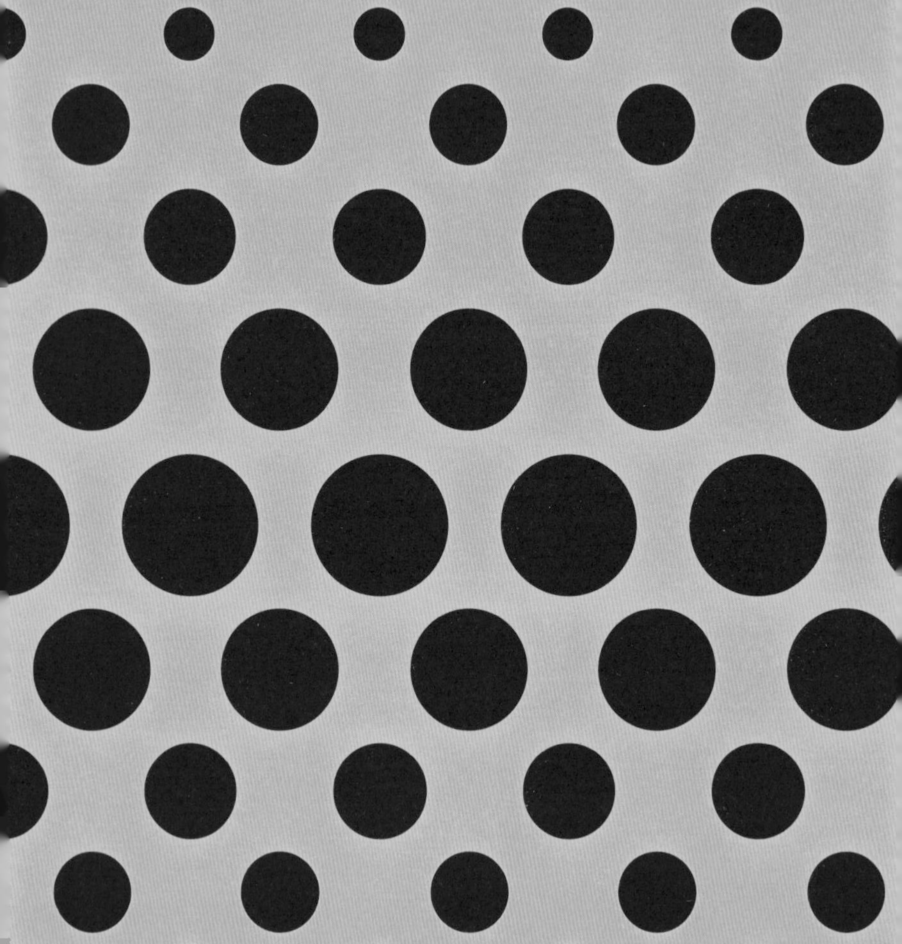

A TAVOLA!

PIZZA
MARGHERITA... CAPRICCIOSA... BUFALA... DIAVOLA...
MARGHERITA... TU PRENDI LA MARGHERITA... TI PREGO, DI' MARGHERITA...
MENÙ

Ristoranti, cene fuori e cene a casa

M: Mangiare fuori ci piace tanto, tantissimo, anzi quando usciamo è proprio una festa, scegliamo insieme un posto che ci piace e…

A: Peccato che ogni volta ci voglia una vita a farlo uscire di casa!

M: Vabbè, che c'entra, è perché sul momento mi sembra faticoso. Poi quando sono fuori…

A: Eh, appunto, hai detto bene: *quando* sei fuori!

Diciamo che il ristorante è stato scelto (e già su quello Alice e Mirko potrebbero passare delle ore prima di trovarsi totalmente d'accordo). Senza trop-

OGNI VOLTA CI VUOLE
UNA VITA A FARLO
USCIRE DI CASA!

...SOLO PERCHÉ SUL
MOMENTO MI SEMBRA
FATICOSO.

pi complimenti ("A te dove va di andare?", "No, no, no, dai, dillo prima tu!", "No, no, no, tocca a te!"), facciamo che si va a prendere una bella pizza.

Affare fatto? Affare fatto!

Per Mirko il tempo di scegliere cosa ordinare varia dai due ai tre minuti: legge il menù, capisce quello che gli va, vede gli abbinamenti e decide. Oppure, se non ha voglia, prende la pizza che ordina di solito.

Alice, invece…

La verità è che lei, davvero, non sa che pizza prendere. Per questo entra in un limbo completamente scollegato dal mondo esterno e sta almeno quindici minuti a leggere, a domandare cosa vogliano dire tutti quei toponimi, per capire da dove vengano gli ingredienti, quali potrebbero essere gli abbinamenti preferiti per quella serata, per il suo umore, cosa potrebbe digerire meglio, quale pizza vale davvero le calorie che ha… Dopo tutta questa analisi sceglie... la margherita!

Sì, Alice sceglie sempre la margherita.

Ma non è che Alice lo sappia in partenza, e che dica direttamente al cameriere: "Una margherita, grazie!". No. Lei, ogni volta deve leggere tutto il menù, perché vorrebbe veramente provare qualcosa di nuovo. Il problema è che poi si blocca e, semplicemente, non riesce a farlo.

Alice è indecisa per definizione, e forse questo dipende dalla differenza della quantità di tempo che lei e Mirko hanno passato in cucina, durante la loro infanzia.

→ LA GENESI: dove tutto ebbe inizio

Mirko viene da una famiglia calabro-siciliana (per la precisione il babbo è calabrese, la mamma siciliana). A casa sua mangiare, senz'altro, è uno degli obiettivi della giornata. Alle 12,30 sembra ci sia un'adunata, come se li richiamassero con il corno, anche a chilometri di distanza, a palesarsi a tavola. E guai se qualcuno manca all'appello.

La cosa sconcertante, poi, è che anche se non si sta cucinando o mangiando, da Mirko si parla sempre del cibo, che accompagna il tran tran familiare praticamente ventiquattro ore su ventiquattro.

Quella di Mirko non è mai stata una famiglia che andava spesso a cena fuori (al massimo si permettevano una pizza da asporto), ma non hanno mai lesinato sulla spesa. Per esempio, a casa di Mirko non sono mai entrati i biscotti per la colazione con le stelle finte.

M: Quelli che ti piace tanto comprare, Ali...
A: Non dire così, sei ingiusto: adesso i biscotti tarocchi non li compro più. Ho capito quanto siano importanti per te.

Questo sì che è amore.

Che sia una conseguenza della passione di famiglia per la cucina, o proprio una cosa sua, Mirko è davvero bravo ai fornelli, anche se... se si dovessero riassumere le caratteristiche principali della sua cucina in una parola, Alice non ha un singolo dubbio: la parola sarebbe "olio". E questo per una semplice legge fondamentale: se qualcosa è buono, sicuramente se lo friggi, lo sarà di più. Se un piatto viene bene al forno, sicuramente con una ripassata in una padella con l'olio, lo sarà ancora di più.

Mirko, infatti, friggerebbe tutto, compreso il gatto, se non gli volesse così bene.

Alice, invece, viene da una famiglia di Torino nella quale il cibo è sempre servito per nutrirsi, non è mai stato una particolare passione, un argomento di conversazione perenne, o una ragione di vita (a casa di Mirko, se non mangiano, parlano di quello che hanno mangiato, o di quello che mangeranno).

Si mangia per istinto di sopravvivenza, perché lo stomaco smetta di brontolare, punto. Capita infatti che, a casa di Alice, a volte gli orari per mangiare non coincidano nemmeno.

Come Mirko è un fan dell'olio, Alice lo è delle cose sane: la quinoa, gli alimenti integrali, il bulgur (Mirko sta ancora cercando di capire cosa sia il bulgur).

MMM...
zZZ

M: Come quella cosa terribile che ti mangi la mattina… quella che non sembra nemmeno commestibile, come si chiama?
A: Ma cosa, il porridge?
M: Brava, il porridge: è terrificante!
A: Ti basterebbe assaggiarlo! È buono e sano!
M: Ma perché devi mangiare una cosa così insulsa, se puoi mangiare una brioche?

Ma parliamo di quando non siete soli e avete ospiti. L'ospite è sacro. O no?

A: Se Mirko invita qualcuno, il suo ospite è trattato con i guanti: cucina per due ore, cura il suo aspetto, prepara la tavola nei dettagli con la tovaglia e i tovaglioli abbinati, le posate belle in ordine, tutto per bene…
M: Eh, be' certo, l'ospite è sacro.
A: E allora, se l'ospite è sacro, perché non lo fai anche per i miei, di ospiti, e invece ti metti sul divano?
M: Perché sono ospiti tuoi! E perché poi non apprezzano mai!
A: Mamma mia, sei il solito esagerato!
M: Esagerato? Ti ricordi quando ho fatto quella pasta con i funghi incredibile, e sembrava che le tue amiche stessero mangiando un toast del bar più triste della stazione?

A: Permaloso! E poi mica sono tutte così, le mie amiche!

M: Non saranno tutte così, ma di sicuro passate serate intere a fare gossip su di quella, su quell'altra...

A: Perché, invece, tu con i tuoi amici a casa parlate di alta letteratura...

M: No, ma di un sacco di cose interessanti.

A: Calcio? Videogiochi?

M: Appunto! Cose decisamente più interessanti! E, comunque, quando vengono i tuoi genitori preparo sempre io, ecco.

Ma la vera domanda capace di far litigare qualunque coppia a fine serata è: chi rimette a posto la cucina, adesso?

E quando la risposta affermativa arriva contemporaneamente e con sicurezza da entrambi, capisci che qualcosa non torna... Si rimette a posto insieme?

A: Mirko sei un bugiardo! Quando cucini tu l'accordo è che io rimetta in ordine la cucina, ma mi piacerebbe che quando cucino io, invece...

M: Cosa che non succede MAI...

A: Non è vero! Mi piacerebbe che quando cucino io, dicevo, ci pensassi tu.

M: Cosa che faccio puntualmente.

A: Sì, il giorno dopo.

MI PIACEREBBE
CHE QUANDO
CUCINO IO...

COSA CHE NON
SUCCEDE MAI...

M: Eh, e che problema c'è?
A: Che la cucina per un giorno è inutilizzabile!
M: Inutilizzabile, e poi sarei io quello esagerato…

Fermi tutti. Proviamo a capire meglio il punto di vista di Alice e Mirko.

→ Come vede la cucina dopo una cena Alice

Alice, dopo aver avuto ospiti a cena, vede la cucina esattamente com'è. Piatti sporchi, piatti da portata in giro, posate, tegami, padelle, olio sui fornelli e anche un po' sul muro. Un acquaio pieno, resti di cibo dovunque. Magari anche la lavastoviglie ancora piena del precedente carico, visto che nessuno l'ha svuotata. Con questo scenario davanti, Alice non può andare a letto: non riuscirebbe mai a dormire. Prima deve rimettere tutto a posto, perché non può pensare di svegliarsi e ritrovare quei resti di cibo che la aspettano ancora in cucina e che magari, nel frattempo, hanno preso vita.

→ Come vede la cucina dopo una cena Mirko

La differenza sostanziale con Alice è che Mirko, dopo una cena, sia che abbia cucinato lui, sia che abbia cucinato Alice, la cucina proprio non la vede. Forse, per lui, la cucina dopo una cena, non esiste più. Esiste invece il letto, tutt'al più il divano, ma tutto ciò che staziona in cucina non è un problema che lo deve riguardare in quel momento. Dopo una cena, si va a dormire, punto. Per fare i piatti, per rigovernare, c'è sempre tempo. Tanto la cucina rimane lì.

A: Be', Mirko, insomma! Secondo me, se quella roba la lasci lì dentro, qualcosa potrebbe prendere vita.

M: Ali, non esagerare. Non succede niente se ci pensiamo domani.

A: Sì, invece, perché poi domani farà schifo anche a te mettere le mani in quei rimasugli di cibo... «*Mmm* amore, mi aiuti a levare questa roba?!» Vediamo se indovini chi dice così?

M: Ma tu mi vuoi talmente tanto bene che mi aiuterai, vero?!

BENVENUTI AL SUD... O AL NORD?

NORD E SUD ASSIEME? CE LA FAREMO?
DOBBIAMO PROVARCI!!!
RUMBLE
RUMBLE
RUMBLE
NORD + SUD
RUMBLE

L'antica arte di convivere tra poli diversi

Parlando di differenze di latitudini, il primo tema su cui confrontarsi per Alice e Mirko è il grado di rumore che è possibile raggiungere in una casa.

A casa di Alice sembra di essere in paradiso. Tutti sono educati, si muovono piano piano, chiudono le porte ogni volta che cambiano stanza, non le sbattono mai, bisbigliano. Se la mattina ti capita di parlare nel corridoio, anche solo per dire: "Buongiorno!", è facile che si arrabbino – sempre a bassa voce, s'intende.

Ogni volta che qualcuno fa una domanda o ci si fa un favore è tutto un «Grazie, grazie mille, ma davvero sei così gentile?!», «Veramente, non dovevi, grazie!».

Le prime volte hai quella vaga sensazione di essere tu il cafone, poi però, dopo qualche ora, inizi a pensare: *Santo cielo, è il sesto bicchiere d'acqua che ti passo, ma davvero mi devi ringraziare tutte le volte?*

Sicuramente a casa di Alice se vuoi riposare, stai sicuro che potrai farlo senza problemi. Pure troppo a volte. Ehi, c'è nessuno qui?

A casa di Mirko la normalità, invece, è che ci sia un caos continuo. Le porte sbattono, la gente urla, ma mica perché è arrabbiata, giusto per chiedersi le cose. Sì, perché da Mirko non si dice "per favore", "vorrei", "grazie". Non ci si fa problemi a dire: "Oh, passami quello!"; "Vammi a prendere un bicchiere d'acqua", senza stare a fare troppi giri di parole. E non è una questione di maleducazione questa: funziona così e basta.

Il casino accompagna perennemente il tran tran familiare: c'è chi si addormenta con la televisione accesa (che rimane accesa anche se nessuno la sta guardando), o chi entra in camera degli altri al mattino presto perché: «Oh, devo puli' ragazzi!», e si mette a passare l'aspirapolvere; chi accende la musica non solo per sé, ma per tutti (bisogna solo capire chi sarà il primo a farlo al mattino, per sapere se

RIPOSATO? ANDIAMO?
VERAMENTE MI SONO APPENA SEDUTO.

sarà più una giornata Gigi d'Alessio o caraibica, o Niko Pandetta) e chi si tratta, con tutta la tranquillità del mondo, a pesci in faccia.

A casa di Alice la musica è proibita fino alle 11 del mattino, come se fosse una violazione dei diritti dell'uomo.

A: Io devo dire che questo non l'ho mai capito di casa vostra. Più vi volete bene, e più vi trattate male.

M: Ma non ci trattiamo male veramente: è solo il nostro modo di scherzare!

A: Offendersi è il vostro modo di scherzare?!

M: Certo! Guarda che mia mamma, quando ti offendeva, stava solo prendendo confidenza e ti voleva far sentire il suo affetto!

A: Pensa te... Non ero nemmeno a metà del pranzo che mi diceva: «Dai Ali, ti muovi che devo lavare i piatti?!».

M: Ma lei è fatta così, basta capirlo e poi va tutto bene!

Da dove viene Mirko, poi, i confini della proprietà privata non esistono. Ci sono i cassetti, ma tutti si sentono in diritto di aprirli e prendere quello che serve, all'occorrenza. Per esempio i calzini: tutti prendono quelli di Mirko, e questo fa imbestialire Alice che, dei calzini, è la principale azionista.

A: Io compro per lui dei calzini belli, lui non se li mette, ma tutta la sua famiglia sì. Dimmi se è possibile!

M: Alice, questo succede solo perché sei la solita tirchia!

A: Non sono tirchia! È perché è un regalo che io faccio a te!

M: Non sei tirchia? Come quando al cinema non volevi dare nemmeno uno dei tuoi M&M's a quella bambina?!

A: Ma certo! Era la mia merenda.

M: E vogliamo parlare del Kinder Pinguì?

A: Perché nomini il Kinder Pinguì? Sai che quello non me lo devono toccare.

M: Se qualcuno gliene frega uno, mamma mia, cosa potrebbe succedere!!!

A: Da piccola mia mamma ce li comprava di rado, e quando succedeva era una festa. Pensa che io e mia sorella ce li dividevamo e li tenevamo in scomparti del frigorifero separati.

M: Perché non state bene!

A: Non scherzare sul Kinder Pinguì, lo sai che divento una bestia.

A casa di Alice, infatti, la proprietà privata è sempre stato un tema decisamente serio.

Lei e sua sorella mettevano i cibi su diversi ripiani del frigorifero, controllavano che i vestiti di una

PIÙ VI VOLETE BENE,
E PIÙ VI TRATTATE
MALE.

MA NO... È SOLO
IL NOSTRO MODO
DI SCHERZARE!

non scivolassero nello scaffale dell'altra, ci tenevano molto a dividere le cose.

Venire da due famiglie diverse vuol dire mettere a confronto due sistemi parentali completamente differenti. Due modi che poi concorrono per crearne uno nuovo della coppia, che costituisce la base di un rapporto non solo d'amore, ma anche di "parentela" tra due persone.

Si decide cosa funziona di più di un sistema familiare, cosa di un altro e si mettono insieme, per capire come ci piace che funzioni *il nostro*. Certo, a volte questo significa un po' di patteggiamento.

Parliamo del Natale, per esempio. Sì perché famiglia che vai, tradizioni (e Natale) che trovi.

Alice non è mai stata troppo appassionata delle feste, in generale, come forse tutte quelle persone per cui questo momento magico è trattato senza aspettative, senza entusiasmo. Un giorno bello, sì, ma senza nessuna tavolata, senza il casino delle pentole, delle chiacchiere di sottofondo, dei regali.

La famiglia di Mirko, invece, il Natale lo ama e inizia a pensarci già in spiaggia d'estate.

Tutti vivono il gran dispiacere di non poter festeggiare con i parenti in Calabria, dove intorno a un tavolo non ci sarebbero meno di una settantina di persone, ma non perdono occasione per fare una grande festa, dovunque siano e in quanti siano! Ci sono anche i parenti con cui si è litigato, la zia che non si vede da una vita, il cugino ectoplasma: tutti hanno sinceramente voglia di vedersi e di stare insieme.

O i viaggi. Mentre Alice è sempre stata abituata a viaggiare, soprattutto in camper, a casa di Mirko il viaggio ha sempre rappresentato una grande incognita, di cui a volte essere anche sospettosi.

La reazione di base, tutte le volte che Mirko e Alice scelgono una nuova destinazione è: «E cosa ci andate a fare?! Ma non state bene a casa vostra? E poi è sicuro, laggiù, in capo al mondo?!».

«Veramente il Marocco è qui accanto e...»

«E poi come fate se non conoscete la lingua? In Marocco, mi volete dire come fate? Che fate se vi succede qualcosa?!»

«Be', parliamo inglese.»

«E se non lo capiscono?»

All'inizio può sembrare fastidioso dover spiegare, raccontare, cercare di dare il proprio punto di vista, ma poi, un po' sui viaggi, un po' sul Natale, sul fare da mangiare, sul ritardo, sulla puntualità, sulla domenica, la nuova coppia decide cosa tenere per sé, cosa portarsi lungo il cammino e cosa lasciare indietro.

Decide il suo modo di essere una coppia, e diventa qualcosa di nuovo, indipendentemente da dove viene, cercando strade per far capire il proprio punto di vista all'altro, o continuando a discutere all'infinito!

È TARDI!

ALLORA? NON SEI ANCORA PRONTA? DAI CHE I MIEI CI ASPETTANO!
...SEI SEMPRE IN RITARDO...

Il concetto molto, molto, molto relativo del tempo

Ritardi, puntualità, attese e arrabbiature: il tempo è una variabile che in una coppia, prima o poi, è destinata a venir fuori e a portare alla luce differenze ancestrali, che stupirebbero chiunque. Per esempio, se vi dicessero che, dei due, il ritardatario cronico è Mirko, e non Alice, ribaltando così secoli e secoli di letteratura sui ritardi "canonici" della parte femminile?! Ci credereste? Ci rimarreste male?

È per questo che, per questa sezione, abbiamo avuto la necessità di aggiungere una voce fuori campo (N), una specie di mediatore.

AL PRIMO APPUNTAMENTO L'HO ASPETTATO DUE ORE.

...AVEVA SOLO PERSO TEMPO!

A: Al primo appuntamento l'ho aspettato due ore. DUE. E non perché fosse successo qualcosa di grave. Non aveva fatto un incidente, non aveva forato, non gli avevano rubato la macchina, non si era strozzato con uno scampo.

N: E che aveva fatto, allora?

A: Niente.

N: Come niente?

A: Niente, nel senso più esatto del termine: non aveva fatto *niente*. Aveva solo perso tempo.

N: Non è possibile ritardare di due ore al primo appuntamento!

A: E invece ti dico di sì. E non è difficile ritardare di due ore se ti metti a pensare: "Ma sì, tra cinque minuti inizio a prepararmi. Proprio cinque, eh, non di più". Poi però ti distrai e quei cinque minuti diventano dieci, poi venti, poi quaranta… e poi due ore. E la cosa che fa imbestialire è che non c'è un motivo. È solo perdita di tempo.

N: Ma questo succedeva solo con te?

A: Macché! Era una cosa cronica: con i dottori, per lavoro, al ristorante… Sai quante volte ci è saltato un tavolo perché non siamo arrivati in tempo? Ti sembra normale che quando devono invitarlo ufficialmente a qualche cerimonia le persone che lo conoscono gli dicono sempre di andare un'ora prima?!

N: E come si sta con uno che è sempre in ritardo?

A: All'inizio non lo accettavo. Per me era una mancanza di rispetto totale, e potevo uscire di testa per un ritardo del genere. Senza considerare che tutte le volte che uscivamo insieme, nemmeno io riuscivo a farlo arrivare in orario, ma era lui che faceva ritardare me. Poi però a un certo punto ho imparato a farmi furba e ho aggirato il problema.

N: Cioè?

A: Ci sono andata a vivere insieme, così gli rompo le scatole fino a che non parte all'ora giusta.

N: Una soluzione radicale, forse.

A: Sì, ma efficace.

N: Quindi se pensate di poter attestare facilmente chi sia quello in ritardo, e quello più puntuale, vi state sbagliando…

→ Cosa c'è nella testa di una donna in ritardo

Una donna in ritardo non arriva in ritardo perché *vuole* arrivare in ritardo. La colpa non è sua, che non è partita per tempo (a prepararsi, per fare il tragitto…), ma del tempo. Il tempo, semplicemente, non è arrivato in soccorso quando si aveva bisogno di lui.

Tuttavia, se si tratta di lavoro o di qualcosa di molto molto importante, la donna, generalmente, entra in ansia da prestazione e si concentra: non sarà solo puntuale, ma pure in anticipo, soprattutto

MA QUANTO CI VUOLE PER PREPARARSI?
NON È COLPA MIA! NON C'È ABBASTANZA TEMPO!

se la riunione è con qualcuno che non la conosce, oppure con un'altra donna.

Mettiamo che, per esempio, abbia un appuntamento importante la mattina alle 9: metterà mille sveglie, si laverà i capelli il giorno precedente, in alcuni casi sceglierà anche i vestiti la sera prima per non aver niente di "urgente" da fare all'ultimo momento. Ci metterà tutto l'impegno possibile per arrivare puntuale perché vuole dare l'idea di essere affidabile. Perché lei *è* affidabile. Perché non si dica di lei la solita cosa che da generazioni affligge le donne, ovvero che siano sempre in ritardo.

Se l'appuntamento è con il suo ragazzo, la volontà, sulla carta, sarebbe la stessa: lei vorrebbe arrivare in orario, vorrebbe essere pronta per quando lui arriverà a prenderla, ma, sotto sotto, sa che gioca in un ambiante "protetto" dove comunque qualcuno la aspetterà, e questo le genera un senso del potere pauroso. Non è probabilmente razionale, non è cattiveria, né volersene approfittare; è un po' come se si avesse la possibilità di testare la fiducia di chi si ha davanti per vedere se davvero ha la pazienza di aspettarci. "Mi vorrà davvero così bene da aspettarmi, anche se sono scandalosamente in ritardo?!"

E se non stiamo più parlando di una mera visione di lancette, o di minuti, ma del poter testare la fiducia della persona che avete accanto, come non potreste non approfittarne?!

→ Cosa c'è nella testa di un uomo in ritardo (ovvero l'occasione di Mirko per spiegarsi almeno parzialmente)

Diversamente dalla donna, un uomo è più coerente: lui è in ritardo a prescindere. Sia che una cosa gli interessi, sia che non gli interessi, lui è in ritardo. È in ritardo a una riunione di lavoro, come al calcetto, con i suoi amici, dal dottore, dal parrucchiere.

Il punto è che l'uomo registra l'orario del suo appuntamento, sa bene qual è l'ora in cui ha l'impegno, ma non si organizza per prepararsi per tempo. Ha fissato alle 11? Bene, alle 11 nella sua testa scatta un allarme, una sveglia, che gli ricorda che avrebbe un appuntamento e che dovrebbe lasciare tutto quello che sta facendo per partecipare. Peccato che la stragrande maggioranza delle volte la preparazione rimane solo mentale con il risultato che fisicamente non riesce mai ad arrivare nel posto in cui si dovrebbe trovare, all'ora giusta.

Alle 11 inizia a pensare all'appuntamento che ha, ma potrebbero volerci anche trenta minuti prima che lo raggiunga fisicamente.

Prendiamo il parrucchiere, per esempio. Se l'appuntamento è alle 11, Mirko sa che quel tempo è dedicato al parrucchiere: la sua testa teoricamente è lì, ma fisicamente è a casa. Peccato che dal parrucchiere ci sia bisogno materialmente della sua testa, che però, con queste tempistiche sarà sul posto alle 11,30. Ma a quel punto sarà il turno di un'altra persona. E quindi il parrucchiere lo rimanderà a casa.

Non c'è dolo nemmeno in questo caso, forse semplicemente un po' di leggerezza, e cose interessantissime che si potrebbero frapporre nel mezzo.

In questo caso, però, Mirko alla fine ha imparato, perché dopo essere stato respinto dal parrucchiere almeno tre volte, ha capito che era ora di iniziare ad arrivare puntuale.

Sì, perché Mirko e Alice, come tutti gli uomini e le donne, hanno imparato dai loro errori e hanno fatto i conti con i loro limiti.

Solo in un caso è certo che Mirko sa di dover arrivare in orario, e in orario *perfetto*: quando deve andare a mangiare dai suoi genitori. Lì spacca il minuto! Provate voi a far aspettare per pranzo una mamma, poi ne riparliamo!

“UNA DONNA IN RITARDO NON ARRIVA IN RITARDO PERCHÉ VUOLE ARRIVARE IN RITARDO.”

“UN UOMO È PIÙ COERENTE: LUI È IN RITARDO A PRESCINDERE.”

"L'AMORE NON
È BELLO SE NON
È LITIGARELLO"

MI SENTI! DOBBIAMO PARLARE! È IMPORTANTE! MIRKO?? **MIRKO!!!**
...SÌ HAI RAGIONE... SÌ, SÌ...
GRAT
GRAT

Le discussioni costruttive (esistono?) come base di una coppia sana

Forse è vero che le vere differenze di una coppia, quelle grosse, si vedono quando si litiga. Infatti, fosse per Mirko, i litigi non esisterebbero proprio, e invece Alice non ne farebbe passare una senza prima sfogarsi, e poi mettersi ad analizzare cosa è appena successo.

A: Mirko sui litigi è più tranquillo.
M: Sì, sono decisamente più tranquillo…
A: Ora non metterti a fare il fenomeno.
M: Non è che ci voglia tanto… è che quando litighiamo, tu urli che ti sentirebbe anche mia nonna in Calabria!

A: Scusami?!
M: Dì che non è vero.
A: Lo sai perché urlo.
M: Sentiamo, perché urli?
A: Urlo perché quando mi arrabbio tu che fai? RIDI!
A: No, scusate lettori, lo chiedo a voi: ma vi sembra normale che tu sei lì, a discutere, arrabbiata come una bestia, e questo si mette a ridere?
M: Ali, io rido perché litighiamo per cose stupide, per cose piccole! E poi oh, è più forte di me! Più penso che non devo ridere perché tu ti arrabbi, e più mi viene da ridere.
A: Voi non avete idea di cosa non gli farei quando litighiamo! E poi sapete che fa, in alternativa?! Io sono lì che gli spiego perché sono arrabbiata e questo prende il telefono – IL TELEFONO, capito?!? E inizia a farsi gli affari suoi.
M: Questa non è una giustificazione per quello che hai fatto al mio telefono.
A: Gliel'ho buttato a terra!
M: Non l'hai solo buttato a terra, l'hai fracassato!
A: Esagerato! Ho rotto solo un angolino, il resto lo avevi rotto te.
M: Era distrutto, Alice.
A: Io mi stavo sfogando e questo andava su Instagram, commentava, rispondeva… tutto

mentre io parlavo! Così la prossima volta voglio vedere se lo rifai di nuovo...

M: Stavamo discutendo per una stupidaggine! Cercavo solo di passarci sopra!

A: Non si ride sulle cose importanti.

M: Al massimo sarà stato un ghignettino.

A: Non era un ghignettino. Una si sente presa per i fondelli, perché pensa che il problema sia solo suo, capisci? E che sia stupida, tra l'altro?!

→ Cosa vede un uomo che litiga

Un uomo che vede un litigio arrivare all'orizzonte pensa due cose: "Ma che palle", e, in rapida sequenza, "Cosa posso fare per togliermi di qui il più velocemente possibile?".

Un uomo in un litigio non vede mai una potenzialità, ma sempre un potenziale giramento di scatole. Infatti, l'uomo per sua natura non litigherebbe perché non gli interessa chi ha torto o ragione, ma gli interessa ritornare il più velocemente possibile a uno stadio di serenità e sa che la discussione invece potrebbe portarlo molto, molto, molto distante dall'obiettivo.

Per questo, generalmente: 1) cerca di buttarla in vacca scherzando (non raro l'utilizzo dell'ironia per minimizzare il soggetto del litigio: «Oh, povera piccolina che si è arrabbiata! Vuoi dei fazzolettini? Ti asciugo le lacrimucce? Dai, che poi facciamo una passeggiata, togliamo le ruote dalla biciclettina, compriamo un gelatino e passa tutto». Ironia che è destinata a finire malissimo); 2) affronta la cosa ma minimizzando (in un crescendo che può andare da: «Tesoro, davvero, l'importante siamo noi, vogliamo discutere sul serio per una quisquilia del genere?».); 3) arriva a estraniarsi completamente con il cellulare. E questo può avere effetti molto, molto, molto più devastanti.

Legge universale: più una donna parla, spiega e cerca di far capire all'uomo perché il suo punto di vista è importante, perché lui la dovrebbe ascoltare, perché è vitale che i due si siedano insieme, ne parlino, sviscerino tutto lo sviscerabile e trovino una soluzione, più l'uomo tenderà a voler fuggire lontano, lontano, lontano. Sempre.

Un uomo, in modo archetipico, sa che a un certo punto dovrà dire: "Ok, avevo torto". Quindi, se la premessa è questa, inutile beccarsi anche un pippone prima: arriviamoci il più velocemente possibile e amen!

→ Cosa vede una donna che litiga

La donna in un litigio vede un'occasione per mettere a posto qualcosa che non va. In una relazione c'è sempre qualche aspetto che può essere migliorato, discusso, affrontato, risolto insieme. Si può sempre migliorare attraverso il dialogo. Una donna non lo ammetterebbe mai di fronte a testimoni vivi e capaci di parlare, ma dentro di sé, in una parte recondita, sa che in una discussione c'è sempre una possibilità di capirsi meglio e di capire anche meglio le ragioni dell'altro. Per questo una donna investe così tanto tempo nelle discussioni: si mette lì, ci sbatte la testa, urla per farsi sentire (o capire) meglio, si dispera, a volte si sfoga, piange, perché non capisce come quello che per lei è così lampante – se litighiamo in maniera costruttiva senz'altro dopo staremo meglio – per l'uomo sia inaccettabile. Spesso perché è convinto di aver ragione, ancora più spesso perché gli fa fatica.

Una donna investe spazio mentale, energie fisiche, tempo, tutto quello che è in suo potere per risolvere una questione che non va con una discussione, ed è destinata, per un corollario universale, a rimanere perennemente delusa perché questo, non diciamo nella totalità ma almeno nella stragrande maggioranza dei casi, non succederà.

Ma non è cattiveria o pedanteria di nessuna delle due parti. Sono due visioni opposte del mondo.

La top 5 (o quasi 10) delle frasi più antipatiche di una donna (che in percentuale si aggira tra

il settantanove e il novantatré per cento) che porteranno sicuramente a un litigio

- Niente. (In risposta alla domanda: "Amore, ma che hai?".)
- Fai pure. (X2)
- Ma non mi ami più?
- Dobbiamo parlare...
- Sono ingrassata?!
- Non noti niente di diverso?
- Prendilo tu, e io ne assaggio proprio un pezzettino, ok?

La top 5 (o quasi 10) delle frasi più antipatiche di un uomo

- Mi ricordi che cosa avevamo da fare oggi?
- Cinque minuti e lo faccio.
- Certo che ti sto ascoltando.
- Per me è uguale, decidi tu.
- Te lo avevo detto.

Perché si litiga

Qui si potrebbe aprire un trattato. Si litiga perché la mattina uno vorrebbe parlare, confidarsi, condividere e raccontare qualsiasi cosa, mentre l'altro vorrebbe solo silenzio, praterie di silenzio, distese di silenzio; perché la sveglia suona, suona, suona, e uno non la sente; perché si arriva in ritardo; perché uno vede la vita con ottimismo, e l'altro con pessimismo; per visioni diverse nell'organizzazione della casa, ma, a parte le differenze nord-sud, a parte le famiglie di origine, a parte gli amici, il ritardo e tutto il resto, si litiga principalmente per qualcosa che, per qualcuno, è quasi nel DNA, è un istinto inconscio che è molto, molto difficile da controllare; si litiga per il gusto di litigare insomma. Provate a dire che a voi non è mai successo!

→ SPECIALE gelosia

Nessuno può dire con certezza da cosa nasca la gelosia. Forse dall'insicurezza, forse dal timore, forse dal tenere così tanto a qualcuno da arrivare ad avere una paura folle di poterlo perdere da un momento all'altro.

Per raccontare le cause poi, non basterebbe un trattato: i like («Guarda un po'! Ora mi vorresti veramente raccontare che ti è cascato il dito su queste tette!»), il calcetto, le vecchie amicizie, uno sguardo, una serata a ballare insieme a presunte amiche.

Con la gelosia ci si trova a fare cose senza senso: controllare il cellulare dell'altro, prenderlo di nascosto (anche se abbiamo giurato e spergiurato che, noi no, non lo avremmo mai fatto) diventare degli stalker, hacker professionisti di password di ogni dispositivo. Chiedere di farsi una foto per di-

MI STAI CONTROLLANDO IL TELEFONO?

mostrare all'altro che si è davvero nel posto in cui si dice di essere. Roba di cui, in condizioni normali, ci si vergognerebbe fino alla fine dei nostri giorni, e che invece diventa assolutamente normale, quando sei offuscato dalla gelosia.

Un soggetto geloso perde totalmente il contatto con il mondo, perde il filo del discorso e delle persone vere che gli stanno intorno, e inizia a vedere una realtà parallela, dove tutto lo porta ad avvalorare il film che si è fatto in testa, a credere nella versione a tinte fosche del mondo che gli conferma il tradimento.

È come avere costantemente vicino una presenza, una voce, una grillo parlante, che invece di farti stare più tranquillo, di dirti che ti stai preoccupando per niente, che non è nulla, che è solo un'amica o un amico, che sicuramente vedi il partner strano perché ti sta preparando una sorpresa, ti fomenta segnalandoti che in effetti tutte le cose più terribili a cui tu stavi pensando, e anche quelle che ancora non avevi pensato, potrebbero verificarsi (o magari si sono già verificate).

In quei momenti potresti anche sentire dal salotto la parola "palla" e non credere più che chi hai accanto si stia riferendo a una partita di calcetto, ma al nome in codice di qualcuno con cui ti sta tradendo.

→ Cosa vede una ragazza gelosa

A: Cosa hai fatto ieri sera? Ah, sì, dovevi andare a calcetto… Come no, da quando in qua si va a giocare quell'ora?! Ma sei proprio sicuro sicuro?! Perché ti chiudi a chiave in bagno quando ti fai la doccia? Perché eri online e non mi rispondevi? Stavi parlando con qualcun altro? Cosa dice il vocale che ti è appena arrivato? Perché continui a controllare le notifiche del cellulare? Perché stai guardando in quella direzione? Perché hai risposto solo "ok" al messaggio?!

M: Ali, mi hai chiesto se stavo arrivando e ti ho risposto "ok"…

A: Quante volte te l'ho detto? Quando sei con un tuo amico, mi devi mandare una foto!

M: Ma Alice non posso fare le foto quando sono con un mio amico!

A: Perché no?!

M: E cosa gli dico? "Facciamo una foto che ad Alice sennò prende malissimo?"

A: Perché ti vergogni di me?!

Non è colpa di Alice, né di Mirko, né di nessuno di voi.

Il punto è che il geloso di turno si scolla dalla realtà e inizia a vedere qualcosa che non è più reale,

PERCHÉ HAI RISPOSTO SOLO “OK” AL MIO MESSAGGIO?!

MI HAI CHIESTO SE STAVO ARRIVANDO E TI HO RISPOSTO “OK”...

ma è solo una sua proiezione mentale. Vede tradimenti in ogni angolo, gente che nasconde la verità, e risente quella vocina che porta a pensare sempre al peggio.

Mamma mia, Alice, perché ti avrà sbloccato lui il telefono senza darti il codice?!

E poi, hai per caso visto quella foto che ha postato Mirko? Ma con chi è?

"Con una sua amica..."

Amica?! E da quando in qua le amiche le mani le mettono lì?!

"Lei è un'amica anche mia e non farebbe mai niente che..."

Sì, sì, come no! Continua così e vedrai quanto ci metti a non passare più da mezza porta!

"Ma vedi che stanno ridendo?! Avranno fatto una battuta e..."

Appunto, scusa ma chi riderebbe alle battute di Mirko?!

→ Cosa vede un ragazzo geloso

I punti di partenza per un uomo (geloso) sono principalmente tre:

1) la loro donna è sempre troppo ingenua per capire che qualcuno ci sta provando (perché tendenzialmente per un uomo tutti ci vorrebbero provare con la donna che ha vicino);

2) molte delle loro paure scaturiscono probabilmente dal fatto stesso di essere uomini e si esauriscono nella frase: "Tu non sai che cosa può scatenarsi nella mente di un uomo";
3) per un geloso la casualità non esiste. Se una cosa si verifica due volte non regge credere che possa essere una casualità. Esiste un perché. E l'uomo geloso è come se dovesse partire per una missione. Lui deve scoprirlo.

M: Perché sei andata già due volte a buttare la spazzatura negli ultimi due giorni?
A: Mirko, sono andata due volte a buttare la spazzatura perché tu non lo facevi e sul balcone stavano iniziando a crescere delle forme di vita aliene.
M: Vedi? C'era proprio bisogno di giustificarsi?!

Un uomo vede un intrigo internazionale che deve risolvere perché rischiare di non aver capito che qualcosa stava succedendo sotto i suoi occhi è semplicemente inammissibile, quindi nel dubbio, meglio essere sul chi va là. E poi diciamocelo: come è possibile fidarsi di una che non vede nemmeno da lontano che uno ci prova con lei?

A: Se ti riferisci al tuo amico e alla questione del caffè, non ci stava provando clamorosamente.

M: Come no?! E perché ti ha invitato fuori senza di me?

A: Gli faceva piacere vedermi e fare quattro chiacchiere…

M: Vedi che non sai cosa pensa un uomo?! Non è possibile che un uomo voglia fare due chiacchiere con te! A un uomo delle chiacchiere non gliene frega nulla!

A: Mi stai forse dicendo che c'è sempre un doppio fine?!

M: Esattamente! E tu non sai che cosa può scatenarsi nella mente di un uomo!

A: Credimi, lo intuivo piuttosto bene quando andavo a ballare e mi chiedevi di mandarti un messaggio ogni quindici minuti.

M: Non esagerare, Alice. Non sono mai stato fiscale: non dovevano essere quindici minuti precisi precisi. Potevano anche essere sedici, diciassette…

A: Se diventavano venti, però, ti incavolavi. E non ho mai capito perché, quando facevi la stessa identica cosa tu con le tue amiche, e allora invece andava bene.

Pensate che all'inizio Mirko era geloso anche quando Alice andava a fare la spesa da sola: aveva paura che al supermercato ci potesse essere una potenziale minaccia.

A: E quando non volevi che andassi alla cena con i compagni di classe delle elementari?

M: Certo che no: gli unici che venivano erano quelli decenti, guarda che caso!

A: Perché erano gli unici che avevano dei contatti umani, e che rispondevano agli inviti!

M: Per l'appunto!

AL VOLANTE

COSA PENSI DI FARE CON QUEL DITO... LE SAI LE REGOLE...
...NON PENSAVI MICA DI METTERE DELLA MUSICA MENTRE DORMO?
NO FIGURATI... SGRANCHIVO L'INDICE....

Di parcheggi, retromarce, accelerate e brusche frenate

M: Partiamo alle 17,30, come mi insegnò mio padre, e suo padre prima di lui. «Quando vai in Calabria», mi disse, «parti sempre di sabato alle 17,30 perché così non trovi confusione, e soprattutto non ci sono camion, perché il giorno dopo è domenica. Mi hai capito figlio mio? Fai così, e ti troverai sempre bene.» Sei pronta Alice?

A: Sono pronta, amore.

Alice e Mirko viaggiano spesso in macchina, soprattutto per andare in Calabria, d'estate.

Quella di Mirko non è solo una partenza intelligente. È una specie di segreto della strada che viene tramandato di padre in figlio, e che ha sempre fatto arrivare tutti a destinazione senza code traumatiche.

A: Ricordo le regole della macchina, semmai qualcuno se le fosse scordate...
M: Alice, ma siamo solo io e te...
A: Non si sa mai. Non si mangia, non si fuma, non si beve.
M: Come, non si beve!?
A: Ok, puoi bere l'acqua, ma nessun altro liquido. Intesi?
M: Ma perché tu puoi mangiare, scusa?
A: Perché io non sbriciolo, mentre tu riduci la macchina che sembra che ci siano appena stati sopra Hänsel e Gretel.
M: Vabbè, mettiamo un po' di musica...

Musica, sì! Alice si ricorda del primo viaggio lungo che avevano fatto insieme, lei e Mirko, sempre verso la Calabria.

Non avevano una macchina con il Bluetooth, e lui era stato così carino da dirle di fare una lista di canzoni che le piacevano, per poter creare tanti cd per il viaggio, così avrebbero potuto cantare insieme tutto il tempo.

N: Che carino! Ma avete veramente cantato da Torino fino alla Calabria?

A: Assolutamente no. La sua sarebbe stata una bellissima idea, ma prima di Firenze mi sono addormentata, e ciao! Mi sono risvegliata che eravamo praticamente arrivati.

N: Vabbè Mirko, almeno la musica te la sarai sentita tu…

M: Scherzi?! Se accendo la musica mentre Alice dorme, e per caso la sveglio, sono un uomo morto!

N: E come funziona la scelta delle canzoni?

M: Facile: se sceglie Alice, dopo un'ora penso seriamente di farla finita, e la vita inizia ad apparirmi grigia, triste, brutta. Relazioni che finiscono, gente a cui manca qualcuno, che ripassa da strade dove erano stati insieme, pinguini, gazzelle… una tristezza infinita, praticamente.

A: Fosse per lui si metterebbe musica latina tutto il tempo!

M: Non è vero, ho un repertorio vastissimo, e poi almeno il mio è un mix, tu hai solo ansia e depressione!

A: Saranno canzoni tristi, ma almeno non sono fissata con la regola del volume!

N: La regola del volume?

A: Da quando è piccolino, Mirko ha una specie

NON SI MANGIA,
NON SI FUMA,
NON SI BEVE.

E PERCHÉ TU PUOI MANGIARE, SCUSA?

di fissazione perché il livello della musica deve stare solo sui numeri pari (o sui multipli di cinque), altrimenti porta sfortuna.

M: Vabbè, non capisco perché bisogna impuntarsi su questa cosa che non dà noia a nessuno. Vogliamo un po' goderci questa musica deprimente?

A: Mirko…

M: Cosa c'è, adesso?

A: Mi viene da vomitare…

M: NO! Ancora?!

Breve inciso triste: ad Alice, in macchina, viene quasi sempre da vomitare. Le viene da vomitare se uno frena troppo bruscamente, se c'è un dosso, se la strada non è regolare, se non ha digerito quei ravioli cinesi meravigliosi che le piacciono tanto, ma che hanno la cipolla cruda dentro, che per smaltirla ci vogliono almeno otto ore. Le viene da vomitare, ovviamente, se legge, ma quello vale per tante persone. Quello che poi succede, quando ad Alice viene da vomitare, è più o meno sempre questo.

M: Ok, rallento allora.

A: Ma scherzi? Siamo anche in ritardo! E di sicuro non è colpa mia! Se andiamo piano non arriviamo più! Corri!

M: E come faccio ad andare veloce senza rischiare

di fare manovre brusche? Poi dici che consumo troppa benzina, e invece dobbiamo far sì che la macchina vada in modalità automatica.

A: Perché devi accelerare, ma con dolcezza.

N: Comunque magari aprire il finestrino aiuta un pochino…

M: Non ci pensare nemmeno! Alice ha un problema alle orecchie, per cui non è possibile aprire i finestrini, perché rischierebbe di perforarsi un timpano. Questo significa che i finestrini stanno chiusi, e che d'estate è obbligatoria l'aria condizionata…

A: Che però lui vorrebbe sempre tenere al limite del freddo.

M: Vorrei solo non gocciolare di sudore e avere quell'effetto di frescolino sulla pelle per cui probabilmente hanno inventato il condizionatore.

A: Chiamalo *frescolino* stare a sedici gradi: ci credo che mi viene male al collo, alla gola, ai bronchi. L'ultimo passo è la tubercolosi, e poi il cimitero.

M: È capace di stare con la sciarpa in macchina anche in estate!

A: Perché tieni delle temperature artiche, Mirko! Dai, intanto dammi un pochino di Coca-Cola.

M: L'importante è che poi non ti trasformi in una camionista della peggior specie.

A: Ha parlato il principe…

HO FREDDO!!!
CI SONO 30 GRADI!

E qui ci fermiamo!

Apriamo un tema caldo: cari lettori, quante volte vi fermate per questioni "tecniche" in un viaggio in macchina?

Mirko, come tutti gli uomini, potrebbe senz'altro farcela fermandosi una volta sola. Ad Alice, invece, come tutte le donne, la pipì scappa in continuazione.

M: Come tutte le donne, un corno! È normale secondo voi che da Roma in giù, ci dobbiamo fermare ogni tre autogrill? E poi la cosa incredibile è che entra e in dieci secondi è fuori. *Dieci*, contati, una cosa incredibile! E io mi chiedo... Ma se ci dovevamo fermare per dieci secondi non riuscivi proprio a tenertela?!

A: È che alle medie con le mie compagne facevamo le gare di chi fosse più veloce, e io ci mettevo sette secondi; vincevo sempre.

N: Anche questa è un'altra storia. Ma Alice guida o non guida?!

M: Alice guida benissimo, il problema è che è davvero distratta all'inverosimile, soprattutto in città. Mi viene naturale avvertirla, sennò andiamo a sbattere contro le cose!

A: Esagerato!

M: Esagerato?! Come quella volta alla rotonda, mentre stavi per andare addosso a quel camion?!

Breve aneddoto avvenuto attraversando una rotonda (e che può succedere a tutti)

La signora De Rosa Alice era alla guida (il fidanzato Leonardo Mirko ci tiene ad attestare che è consapevole che la fidanzata guidi bene, ma che troppo spesso si distragga).

A: Non è vero che mi distraggo troppo spesso!
M: Alice, non interrompere.
A: Sì, però almeno scriviamo "a volte".
M: Va bene, "a volte".

I due imboccavano una rotatoria quando la signora De Rosa, immettendosi nella stessa, non ha guardato a destra. Così facendo la macchina dei signori De Rosa e Leonardo sarebbe finita dritta contro un camion, se il signor Leonardo non avesse urlato: "Oh, CXXXO, Alice! Fermati! Fermati!".

Il suddetto, sventato il maxi incidente, si sarebbe aspettato una reazione di ringraziamento, che attestasse che le aveva appena salvato la vita, ma invece è stato infamato in ogni modo perché, alzando il tono della sua voce al massimo, l'aveva fatta spaventare.

A: Ci tengo a precisare che quando guido io, anche se non lo ammetterà mai, perché dice che preferisce farmi compagnia, tempo venti minuti, lo dovreste vedere come ronfa! E mi dà atto che alla fine, dopo avermi insegnato, sono diventata più brava di lui a parcheggiare. Ammettilo!

M: Vero, ma una cosa che non capirò mai è perché quando parcheggi devi abbassare drasticamente il volume della musica.

A: Perché mi concentro meglio!

M: Ma la bellezza di un parcheggio è direttamente proporzionale al volume della musica!

Guide all'estero

Se Alice fa un programma, quel programma si rispetterà. In Irlanda, si era fissata che voleva andare a vedere le scogliere a nord e sud di Dublino (mica solo una delle due, entrambe!). Avevano deciso di prendere una macchina a noleggio.

"Ma siete matti ad andare in queste condizioni?! È troppo ventoso" disse la signora dell'ufficio turistico di Dublino.

A: Eh, troppo ventoso! Che sarà mai un po' di vento! Mirko, andiamo.

M: Ma non è che se lo dice la signora che è di qui, ci dovremmo fidare?!

A: Mamma mia Mirko, ma quante paranoie ti fai?!

Così hanno passato due giorni a guidare (sulla sinistra, che se te lo scordi è un attimo finire nell'altra corsia e realizzarlo solo quando vedi un tir che ti viene incontro!) con sessantasei nodi di vento contrario e con la macchina che traballava, per raggiungere delle scogliere dove non si riusciva nemmeno a stare in piedi dal vento che tirava.

CASA
DOLCE CASA

NON CE LA POSSO FARE...
BLEAH!

Pulizie, giardini, bagni, e antichi archetipi

Alice e Mirko, come succede a ogni coppia che vuole costruire qualcosa, si sono trovati a quel fatidico punto in cui si deve arredare la casa insieme, dove ci si guarda e si parla a cuore aperto: a me piace questo, a te cosa piace?

Mirko aveva fatto una sola richiesta sulla cucina: «Sai amore, mi piacerebbe tanto avere una cucina nera o grigio scura. Insomma, un colore scuro, sicuramente non il bianco».

Certo, sicuramente non il bianco, che problema c'è? E infatti, il progetto era stato fatto di un bellissimo grigio scuro. Fino a che Alice non aveva domandato: «Ma, per caso, solo per vedere come sta, possiamo fare una prova con il bianco?».

M: Perché vuoi vederla bianca, se ti ho detto che era l'unico colore che non mi piaceva?
A: Mamma mia amore, ma hai visto com'è bella?
M: Bella è bella, ma non è come avevo chiesto io.
A: Vedi che piace anche a te? E poi non c'è niente da fare: questo colore rilassa...
M: Figurati se non ti rilassava...
A: Non la fare tanto lunga, perché poi sulla gestione della casa penso che tu non abbia niente da dire, vero? Chi la pulisce, poi, la cucina nera?!
M: Non vorrai mica ripartire con la solita storia che io non faccio nulla?! No, cara mia, non ci sto, sei sempre la solita esagerata.
A: Esagerata?!
M: Sì, perché così io passo per il solito maschilista a cui non importa se la gestione della casa sia solo in mano alla sua compagna, cioè a te. E questo non è vero: non ci sto! Per esempio...
A: Ecco, fammi sentire questo "per esempio..."
M: Mi basta dire una parola per farti tacere.
A: E sarebbe?
M: Giardino.

Silenzio.

ATTO I: il giardino

M: Quando abbiamo comprato casa nel 2021, Alice ha messo un vincolo. Lei voleva il giardino, la stellina…

A: Dai, Mirko, non è che devi sempre tirare fuori questa storia…

M: Eh, cara mia, è fondamentale se parliamo di organizzazione della casa! Lei voleva il giardino perché voleva piantare la lavanda, i tulipani, i girasoli, perché, sapete, con i fiori lei è bravissima…

A: Chi è che cura, senza farla morire, da più di un anno quell'orchidea che c'è in bagno?!

M: Io le avevo detto: «Ma amore, siamo sicuri, di cercare una casa con il giardino? Perché per i fiori forse va bene anche un terrazzo, no?!».

A: Ma vuoi mettere per i fiori, un terrazzo con un giardino?!

M: Guarda che è un impegno, una cosa a cui stare dietro… ma lei mi dice che lo sa, con chi penso di parlare?! E allora vabbè, cerchiamo 'sta casa con il giardino. Tanto sarà Alice che ci starà dietro, no? No?!

A: Sei veramente un lamentoso…

M: Lamentoso?! Io in giardino, con un attrezzo in mano, a piantare qualcosa ancora non ti ho mai vista.

CHI LA PULISCE, POI, LA CUCINA NERA?!

NON VORRAI MICA RIPARTIRE CON LA SOLITA STORIA CHE IO NON FACCIO NULLA?!

A: Io non avevo mai parlato di attrezzi, né di orti, verdure o frutta. Io avevo parlato di fiori. L'orto piaceva a te, su quello ero stata molto chiara. Quella che voleva zappare non ero io!

M: Ma scusa, se uno ha un giardino non tiene solo i fiori?! Ma a che servono poi i fiori?! L'orto è tutta un'altra cosa.

A: Servono perché sono belli! A che servono le cose belle, Mirko?! Non fare la bestia!

M: Vuoi mettere la soddisfazione di piantare una cosa che puoi curare, che cresce, che puoi cogliere, cucinare, mangiare?!

A: Come le melanzane, che piacciono solo a te?

M: Non fare la permalosa! Lo sai che avevo piantato anche le zucchine, poi non è colpa mia se non sono cresciute…

A: Non si capisce perché le cose che piacciono a te, crescono tutte… Comunque è vero, l'orto lo cura Mirko.

M: L'orto e il giardino lo cura *tutto* Mirko, per essere più precisi. E allora se mi dice che in casa non faccio nulla, come la mettiamo con questa storia che in giardino faccio tutto io?! La siepe? L'erba… Non fanno parte della casa?!

A: Una volta però…

M: Se stai per dirmi che una volta hai acceso il tagliaerba per cinque metri cubi – tra l'altro solo per fare una storia su Instagram – non vale.

A: Però ogni tanto annaffio! E in casa passo l'aspirapolvere tutte le volte che non lo fai tu!

M: Vogliamo mettere passare l'aspirapolvere con zappare?!

A: Mirko, io ho la scoliosi! E poi, se ti dà tanta noia, chiamiamo un giardiniere, no?

M: Macché giardiniere! Io vorrei una mano da te, che sei quella che ha rotto all'inverosimile che voleva il giardino! E vi dirò di più! Abbiamo anche il terrazzo, e nemmeno lì si mette a far crescere niente!

A: Per forza, mi hai terrorizzato che non posso pulire per terra sennò il sapone ti va sulle melanzane (che mangi solo te).

M: Certo, tu vuoi pulire con l'acido muriatico, che poi mi va su tutto l'orto! Sul basilico! Si può pulire anche con l'acqua, lo sai?

ATTO II: La Lavastoviglie

C'è qualcos'altro poi, in casa, che divide Mirko e Alice.

Tutto parte da una confessione di Mirko: lui ha rigovernato la prima volta a ventinove anni, e voi capite che per uno che non ha mai lavato un piatto in vita sua, iniziare di botto, con tutti i rimasugli di cibo da togliere di torno, può anche essere uno choc.

A: Devo ammettere che all'inizio non capivo perché ogni tanto venisse da me con la faccia da cane bastonato, e mi dicesse, tipo: «Scusa amore, devo cucinare la carbonara, ma mi serve quella pentola che sarebbe a lavare... E anche quel mestolino... Ti dispiace lavarmeli tu?! Perché i pezzettini mi fanno davvero troppo schifo!».

Ma visto che i grandi amori sono fatti di compromessi, ecco quello di Mirko e Alice: lei lava i piatti (anche quando Mirko ha cucinato), carica la lavastoviglie, e lui la svuota. E funziona benissimo così. Non crediate, però, che le persone non possano mai cambiare: è capitato che Alice si assentasse per andare a Lourdes con un'amica, e al suo ritorno ha ritrovato il lavandino vuoto, completamente vuoto, con tutte le cose rigovernate.

Un miracolo, ha pensato. Forse, se fosse andata a Ibiza il risultato non sarebbe stato lo stesso!

ATTO III: La Lavatrice

Anche sulla lavatrice si rendono più evidenti le grandi differenze di genere.

Alice, per esempio, ha un armadio intero di prodotti (comprati tutti in offerta, ovviamente) dedicati al lavaggio: ammorbidenti, detersivi, profumatori, smacchiatori. Ha un prodotto per ogni cosa (Mirko ancora oggi si chiede se sia legale che al supermercato lei apra tutti i detersivi che trova e, prima di comprarli, li annusi).

Mirko, invece, ha scoperto solo un anno fa che cosa fosse una lavatrice, come funzionasse, e ne è rimasto esaltato: premere un bottone e veder girare il bucato è stato fonte di grande soddisfazione.

A: Forse perché non si è mai domandato, dopo il ciclo di lavaggio, che cosa si dovesse fare, con quella roba. Per esempio stenderla?! Stirarla?

M: A me piace stendere! E anche stirare.

A: Sì, certo…

M: Davvero! Perché mentre stendi o stiri, puoi fare un sacco di altre cose. Puoi guardare video, ascoltare podcast…
Provate a vederla così anche voi. Chissà che non ne traiate qualche beneficio!

Atto IV: il Letto

Anche sul letto, o meglio, sul rifare il letto, come rifarlo, se rifarlo, perché rifarlo, si consuma l'eterna lotta uomo/donna.

Per Mirko il letto non si fa la mattina (né il pomeriggio) perché tanto la sera si deve comunque riutilizzare (e disfare di nuovo); quindi è molto difficile

LA CASA È UN PORCILE!
PER DUE COSINE QUA E LÀ...

trovare una motivazione seria per mettere in ordine qualcosa destinato a essere sempre disordinato.

A: Mirko, ma farlo semplicemente per decoro?!! In una casa non si può vedere un letto da rifare, è una sciatteria!

M: Alice, scusa, ma chi mai entra nella nostra camera da letto?! I nostri gatti?!

A: È una cosa che fai per te stesso, per sentirti meglio dentro!

M: Io non mi sento meglio se il letto è rifatto.

A: Lo capite come sono messa?

M: Non fare la vittima, ché adesso lo rifacciamo quasi sempre!
Perché poi, se mi metto e dico che faccio le cose, sono impeccabile. Maniacale. Pulisco in ogni minimo dettaglio. Per questo non posso farlo sempre. Mi esaurirei.

NOTA BENE. Non dire quella frase: "Amore, lo faccio dopo", anche nella variante "Amore, tra cinque minuti".
"Lo faccio dopo" è una frase pericolosissima perché il dopo è un concetto sospeso nel tempo, che potrebbe anche voler dire tre, quattro, CINQUE giorni dopo.

M: Alice, ferma. Questa è logica.

A: No, non lo è. È una cosa che non sta né in cielo, né in terra, punto.

M: Se ti dico "dopo", ti ho implicitamente detto di sì, che lo faccio. Perché dovrei anche specificare quanto dopo è dopo?

A: Perché la casa non può continuare a essere un porcile!

M: Un porcile, esagerata! Per due cosine qua e là… È una cosa strategica, la mia: aspetto solo di poter ottimizzare i tempi, per rimettere a posto più efficacemente.

A: Questo per lui vuol dire che aspetta che ci sia un casino talmente elevato dappertutto, che a quel punto deve mettere a posto, perché non ha alternative. Gli cascherebbe addosso la torre delle cose lavate, asciugate e piegate che aspetta da giorni che lui la rimetta nell'armadio, oppure non saprebbe dove appoggiare neppure un coltello nel lavandino. E che fa?! Rimanda tutto all'ultimo minuto, la sera, in una volta sola. E così, come fai a goderti una casa ordinata?! Ed era tutto partito da un: «Sì, lo faccio dopo».

M: Però lo faccio…

A: Ormai sono messa così male che anche se mi dice "dopo" e diventano *tre ore* dopo, non dico più niente. Immaginatevi voi…

FAMIGLIE DI ORIGINE

DICONO CHE SONO ALL'OPPOSTO NEL MODO DI PENSARE, COMPORTARSI E INTENDERE LA FAMIGLIA...
... SÌ COME NO.... MIRKO, PAPÀ... UN PO' DI CONTEGNO....
Jeep
4xe

La mamma è sempre la mamma. Ma la mia...

Mamme che vogliono mettere il becco su tutto, mamme chiacchierone, e mamme che invece passerebbero tutta la giornata ad ascoltare. Papà pronti a battagliare per il calcio, e papà duri come il marmo, che non cambiano idea nemmeno sotto tortura. Zie che non tollerano di non essere chiamate così anche da semi sconosciuti, e zii freddi, da chiamare per nome. Parenti che forse non avremmo mai considerato se non fossero stati parenti.

Mirko e Alice sono fidanzati da sette anni e conoscere le rispettive famiglie, come succede per ogni coppia, è stato un viaggio (uno dei tanti fatti insieme). C'è chi si vergogna ancora un po' dei genitori dell'altro (spoiler: è Mirko), c'è chi ha imparato ad apprezzare di più quello che aveva sempre dato per scontato, o è riuscito a offendersi come in casa propria non sarebbe mai riuscita a fare (spoiler: è Alice).

Proviamo ad analizzare meglio queste famiglie.

M: Per fortuna a mia madre piaceva Alice, sennò sai che guerra sarebbe stata...

A: Mia mamma su Mirko non ha mai detto niente perché, anche se ha origini meridionali, non ce la fa a impicciarsi, come una classica piemontese...

M: Non c'entrano le origini settentrionali di tua mamma; di indole, lei si fa i fatti suoi. Hai mai visto un mio parente farsi i fatti suoi?

A: Più che altro ero preoccupata per mio papà: vi immaginate per uno che tifa Toro, vedersi arrivare a casa Mirko che è juventino?

M: Io però sono aperto, quello per me non è mai stato un problema!

A: Lo era per lui, un problema, mica per te!

M: Mi piace troppo prenderlo in giro quando perde!

A: Sarà per quello che Juve-Toro l'avete vista insieme solo una volta... Comunque la verità è che le nostre famiglie sono totalmente all'opposto. Come bianco e nero, chiacchiere e ascolto, rumore e silenzio.

M: A casa di Alice c'è così tanta pace, che è un attimo che ti venga voglia di dormire, o almeno di parlare pianissimo. È come se entrassi in modalità aereo (tengono pure le tapparelle abbassate)! Ti fai problemi anche ad aprire uno sportello, perché ti sembra quasi di mancargli di rispetto.

A: Sarà mica un caso che per un anno e mezzo abbiamo lavorato da casa mia?

Mamma, papà, che lavoro faccio?

Ecco, a proposito di lavoro: alzi la mano chi non è ancora riuscito a far capire ai propri genitori che lavoro faccia. Figuratevi se il lavoro in questione è il content creator!

Diamo il benvenuto alla mamma di Mirko, la signora Rosanna.

Immaginate la scena...

M: Mamma voglio lasciare il mio lavoro fisso, per cui ho uno stipendio di tutto rispetto che mi permette di vivere in maniera agiata, per mettermi a fare il content creator su YouTube. Lo YouTuber intendo, uno youtuber vero. Un influencer insomma. Come la vedi?

È MAMMA, TI VUOLE SALUTARE. TE LA PASSO?
NO, NO, NO, NO, NO!

R: La vedo che adesso ti faccio riprendere io, se non ti riprendi da solo. Ma che è 'sta roba? E chi ti dà da mangiare, figlio mio?

M: Guarda che sono convinto che io e Alice abbiamo le carte per spaccare. Faremo il botto!

R: Il botto lo faccio io, se non ti riprendi immediatamente!

M: Ma scusa, che discorso è! Non dovresti spingermi a inseguire i miei sogni?
A provare a raggiungere i miei obiettivi?
La mamma di Alice crede in noi! I suoi ci danno pure la casa per fare i video, e stanno tutti fermissimi, tra poco nemmeno respirano per non disturbarci!

Ahi, ahi, ahi!

Prima di infilarci in potenziali discussioni, diciamo che è sacrosanto che da sempre il ruolo delle mamme sia anche un po' questo: preoccuparsi a prescindere di quello che potrebbe succedere ai loro cuccioli. E comunque, sappiamo che per un genitore non è semplice comprendere questi nuovi mestieri, e soprattutto non è facile capire che, anche se lavori da casa, stai effettivamente lavorando.

Perché per un genitore "medio", se sei a casa, e soprattutto se sei al computer, significa che non stai facendo nulla di produttivo (della serie: stai giocando ancora, vero?!).

Scena tipica, di un giorno qualsiasi, di una settimana qualsiasi.

R: Vieni a mangiare da noi, oggi?
M: Mamma, mi dispiace ma sto lavorando e bisogna che finisca in tempo per una consegna…
R: Ma che ti ci vorrà a venire per mangiare!
M: Non ho tempo sufficiente per venire, mangiare, e tornare a lavorare, ho i minuti contati! Se fossi a lavorare in fabbrica cosa mi diresti? Molla un attimo la macchina che tanto ci metti poco?
R: E tu porta il computer, che lavori da qua, no?!
M: Da voi è impossibile lavorare! E prima il cane, e poi mi chiedi come si fa a far funzionare il face ID, poi di scaricarti le foto, di scriverti un messaggio, di insegnarti a scrivere una email…
R: Non ti si può veramente chiedere niente… Infatti non mi aiuti mai!

A proposito di aiuti, Mirko è diventato un mago a schivare tutte le richieste dei suoi che in qualche modo coinvolgano la tecnologia, lasciando ad Alice il piacere di risolvere le questioni.

A: Sei veramente una bestia! E dire che i tuoi genitori vorrebbero solo un po' di attenzione, e di aiuto!

M: Anche tu avresti smesso di rispondere se ti avessero fatto la stessa identica domanda per dieci volte di fila.
A: Però vuoi mettere la soddisfazione di essere guardata come se fossi un genio informatico? Quello sguardo di approvazione tipo: "Mamma mia, ma che intelligente che è questa ragazza?".
M: Sarà…
A: In quei momenti mi sembra che potrei anche far funzionare da sola una centrale nucleare…

«Aliceeee, ma che vuol dire che ci sono cinque persone che mi stanno seguendo? Che sono sotto casa?»

La top 5 (o quasi 10) delle frasi che tutti si sono sentiti dire dalla mamma almeno una volta nella vita

- Fino a quando vivi in questa casa fai quello che dico io!
- Come non ti piace? Ma se l'hai sempre mangiato?
- Smettila di dondolarti sulla sedia!
- Non mi interessa quello che fanno gli altri! Se uno si butta dal balcone, ti butti anche tu?
- Scusa, ma che voto avrebbero preso i tuoi amici in questa verifica? (Della serie: meno male che non ti interessava cosa facevano gli altri…)
- Non funziona più Google.
- Mi si è spento Internet! (variante di Google.)

DISCLAIMER: Solo per figli maschi e solo dopo la richiesta di aiuto di cercare qualcosa che il figlio non trova.
– Vuoi scommettere che se vengo di là, la trovo?

Poi, piano piano, succede che di due modi diversi di vivere o di fare le cose, si inizia a prendere qualcosa da una famiglia e qualcosa dall'altra e lo si adatta alla propria (nuova) famiglia, alla nuova casa, e questo crea delle nuove abitudini. A volte sembra di essere riusciti a dare a tutto un nuovo equilibrio, che a sua volta nasce da altri, antichi, equilibri. E quindi magari capita che si decida insieme che la musica non si senta più a volume 30, sparatissima, ma che ci si possa accontentare di un 15; e che quando uno dei due ha sonno, la televisione sia meglio spegnerla, per non disturbare l'altro.

M: Mamma mia, che flash. Mi sono appena ricordato di quando si faceva tardi la sera e rientravamo a casa dei genitori di Alice, e, visto che sentivano tutto, dovevamo camminare in punta di piedi, tipo cartoni animati, attentissimi a non fare rumore.

A: Io preferisco come si faceva a casa mia.

M: Ah, no! Io preferisco come si faceva da me. Se non ti abitui al rumore, come fai quando senti casino?

IO PREFERISCO
COME SI FACEVA
A CASA MIA.

AH, NO!
IO PREFERISCO
COME SI FACEVA
DA ME.

A LETTO

... MA NON HA FREDDO?
BUONA NOTTE!
MA NON HA CALDO?

Racconti da fuori, ma soprattutto da dentro il letto

Il letto, ovvero il luogo intimo per eccellenza, il rettangolo morbido dove riposano e vivono sogni, aspirazioni, idee, confessioni; lo spazio dove la coppia si ricarica, dove viene fuori la parte più intima di sé... ma è sempre così? Cioè, scherzi a parte, in quei due metri quadrati di spazio si riesce ad andare d'accordo, o è l'ennesima occasione perché emergano differenze di genere archetipiche?

A proposito di "emersioni", nel letto vengono fuori grandi passioni e incolmabili differenze, ciò che unisce e anche ciò che separa, ciò che appassiona e ciò che disturba; c'è chi si addormenta subito, e chi prima si rilassa; chi starebbe mezz'ora al cellulare prima di addormentarsi, e chi non sopporta nemmeno la luce dello schermo; chi pensa che sia troppo buio, e chi ha paura di qualsiasi rumore. Chi sogna, sogna, sogna…

A: Io faccio outing e devo ammettere che appartengo alla categoria di quelli che hanno sempre freddo…

M: "Faccio outing", capirai che dichiarazione! Non è che tu abbia freddo, Alice, sembri proprio morta! E in casa nostra ci saranno almeno ventiquattro gradi! Ma quando si è vista una che ha freddo sotto le coperte con ventiquattro gradi?! Ditemi voi se è normale che io, sul letto, dorma in mutande a petto nudo, e lei con la trapunta e il pigiama di pile!

A: Appunto Mirko, sei tu quello strano… Non riesco nemmeno a tirare la coperta dalla mia parte perché ci stai sempre sopra e me la blocchi con il tuo peso!

M: Io quello strano? Tu hai freddo pure d'estate! Avete mai visto qualcuno che dorme con il lenzuolino anche in estate?!

A: Si vede che c'era corrente…

M: Corrente?! È stata l'estate più calda degli ultimi cinquant'anni?!

A: Guarda che quell'arietta che viene se tieni tutto

DOVEVAMO GUARDARE QUELLA SERIE TV...
zZZ

RIESCI A ADDORMENTARTI ANCHE AL CINEMA!

E TU TI ARRABBI PERCHÉ PENSI CHE ABBIAMO BUTTATO I SOLDI.

aperto, poi è un attimo che ti fa venire il mal di gola.

M: E fosse solo il problema freddo-caldo…

A: Che vorresti dire, scusa?!

M: Devo farti la lista?! Mi metti i piedi congelati addosso, ti agiti, ti scopri, ti metti di traverso nel letto e, se provo a rivendicare uno spaziettino minimo, un angolino eh, mica di più, ti lamenti anche…

A: Sei un insensibile! Come se non lo sapessi che ho problemi alla schiena! Non mi sembra drammatico se ti chiedo un pelino più di spazio…

M: Un pelino più di spazio?! Si sta meglio a dormire sul divano che nel letto con te, e ho detto tutto. E poi parli pure nel sonno!

A: Magari stavo facendo un brutto sogno, tipo quando ti sembra di cadere nel vuoto! Avete presente l'ansia, quando ti svegli di soprassalto?!

M: Tu il vuoto ce l'hai nel cervello!

A: Guarda che lo so che mi registri la notte quando parlo, e poi mandi tutto a tua mamma!

Sì, sembra incredibile come, arrivati al momento di rilassarsi e di dormire si possano scatenare tutte queste differenze. C'è chi si alza mille volte per bere e per fare pipì, rigorosamente con la luce spenta (per non svegliarsi) e chi accenderebbe tutte le luci per la paura di attraversare il corridoio.

A: Mamma mia, ma quanta paura fa quando sei a letto e senti un rumore come di una bottiglia di plastica che si accartoccia? Mirko? Mirko? MIRKO?!

Mirko si addormenta prima di Alice, anzi cogliamo la palla al balzo per dire questa verità: Mirko si addormenta in tempo record. E da lì, basta, è perso, ciao Mirko, elettrocardiogramma piatto.

A: Capito? Prima recrimina il fatto che non riusciamo mai a vederci un film insieme, che non condividiamo quello che ci piace… Allora io gli dico: «Va bene, scegli un film». Lui decide, facciamo partire il film che sceglie lui, e ci tengo a sottolineare che l'ha scelto lui, e cosa fa?
N: Lo guarda?
A: Si addormenta!
M: Alice a quel punto si trasforma in un sergente di ferro cattivissimo, e appena mi cala un po' la palpebra si gira per controllarmi e mi dice: «Mica ti starai per addormentare?! Vero? Vero?».
A: Poi regolarmente a un certo punto crolla.
N: Vabbè, ragazzi, anche voi… a guardare un film sul letto!

A: Lui riesce a addormentarsi anche al cinema! Mi fa venire un nervoso!

M: Ti viene il nervoso perché pensi che abbiamo buttato i soldi.

A: Non è che lo penso: è un dato di fatto che se ti addormenti, abbiamo buttato dei soldi. Pure a New York si è addormentato al cinema!

M: Eh certo, parlavano in inglese alla velocità della luce! Una volta che avevo finito i pop corn, cosa dovevo fare?

GESTIONE DEI SOLDI

REGALO PERFETTO... ECONOMICO INNOVATIVO...
SPERO CHE LO REGALI AL NOSTRO PEGGIOR NEMICO...
4$

Offerte, risparmi, scarpe troppo bianche e sedie scontate

La grande verità che forse non vi aspettereste mai è che lo spendaccione della casa sia Mirko, e Alice colei che da qualcuno potrebbe essere definita "tirchia", ma che, citandola, "sta attenta a spendere le risorse nel modo più oculato possibile, sfruttando le offerte che trova".

"Sfruttando le offerte che trova" è un concetto molto ampio: va dai voli all'ammorbidente, ai biscotti preferiti o al latte. Ed è un'attitudine che viene da lontano.

Il suo babbo, infatti, è stato, ed è, un risparmiatore seriale che sostiene che i biscotti della grande distribuzione siano "praticamente uguali" a quelli di marca.

Così la pensava anche Alice, prima di venire totalmente sconfessata da una challenge, ma questa è un'altra storia...

Dove tutto ebbe inizio

Alice era piccola, era con i suoi, ed era a Colonia. E lì, non fu il Duomo, non fu il Museo Ludwig o quello del cioccolato, non fu lo zoo, o il ponte Hohenzollern a conquistare il suo immaginario meraviglioso. Fu un supermercato dove vide qualcosa che non avrebbe mai osato sognare.

In una testata di gondola qualunque giaceva l'offerta della vita: un barattolo grande (quello da quasi un chilo) di Nutella a 1 euro e 50.

Le altre persone intorno a lei non sembravano così colpite, almeno così pareva, ma Alice si ricorda ancora che uscirono da quel supermercato con dieci barattoli di Nutella (non ne presero di più solo perché non ci sarebbero stati in macchina).

Ma torniamo a noi. Abbiamo detto che Mirko è lo spendaccione di casa, non nel senso che ha le mani bucate, ma che ha un approccio diverso da Alice; quando ha bisogno di qualcosa, quando lo trova, e se gli piace, non sta a guardare quanto costi, o se possa, potenzialmente, andare in saldo dopo poco tempo. Lo prende e basta.

A: E questo è sbagliatissimo! Anche l'ammorbidente lo comprerebbe a 7 euro al litro!

M: Ma se ne hai bisogno, che fai? Stai senza ammorbidente?!

A: La spesa non si fa così! Si fa quando ci sono le offerte, per questo bisogna sempre essere informati!

M: Questo è il motivo per cui i tuoi giornali preferiti sono i volantini dei supermercati?

A: Mirko, non perdo nemmeno tempo a spiegarti la soddisfazione di studiare i volantini di tutta la grande distribuzione e sapere dove e quando devi andare a comprare le cose che convengono!

M: Tipo a Londra, dove siamo riusciti a comprare venti scatole miste di ibuprofene e paracetamolo, perché non costavano nulla? Ogni negozio in cui entrava Alice ne prendeva due (perché di più non si poteva). Era una specie di gioco: caccia all'ibuprofene.

A: Poi però come l'hanno usato tutti volentieri…

M: Oppure quando tieni le cose nei carrelli online per settimane, per mesi, aspettando che a un certo punto le mettano in sconto…

MA QUANTO HAI SPESO?!
ALICE, NE AVEVAMO BISOGNO!

A: (molto fiera): Ho aspettato tre mesi, TRE! Era la macchinetta del caffè; ma alla fine ce l'ho fatta a prenderla scontata: 65 euro!
M: E per tre mesi siamo stati senza caffè… Ma che senso ha aspettare tre mesi per risparmiare 50 euro?
A: È una questione di principio.

Non è mai successo che qualcuno di questi affari andasse male?

Non aprite quella sedia

Le sedie sul balcone di Alice e Mirko sono proprio belle, e Alice le adora. Le aveva viste in negozio, se ne era innamorata, ma, cavolo, costavano troppo! 150 euro.

Nessun problema, aveva pensato Alice. *Aspettiamo che le mettano in saldo*.

Ed effettivamente, pazientando, lo sconto era arrivato: un'offerta della vita al 50 per cento, in modo da portartele via a 70 euro l'una.

Alice le ha comprate subito ed è tornata a casa felice di aver fatto un affare, tant'è che ha buttato lo scontrino (cosa da non fare MAI!).

E infatti, due giorni dopo, DUE, le sedie, da 70 euro, erano state ribassate ulteriormente arrivando a 50 euro.

Alice aveva provato a recuperare lo scontrino in casa, nella pattumiera, ha fatto il tutto e per tutto, ma niente. Scontrino definitivamente andato, e sedie ufficialmente prese a 70 euro.

Da quell'esperienza ancora oggi deve riprendersi. Non potrà mai dimenticarla.

Tornando alle loro differenze, Mirko i soldi o li spende in cibo (non si bada a spese quando si parla di mangiare; ed è fiero di poter dire che adesso Alice non comprerebbe più un formaggio grattugiato in busta, ma il pezzo intero, vero), oppure in sciocchezze (per sua stessa ammissione), che magari ha desiderato con tutto il suo cuore da piccolo, senza poterle mai avere.

La sua, è una sorta di rivincita: videogiochi, consolle, giochi, l'impianto audio di casa.

M: No, fermi, quello non rientra nelle cavolate. È una cosa utile: per come l'ho fatto, sembra veramente di essere al cinema.

Ma d'altronde si doveva riprendere per l'acquisto della televisione che Alice aveva scelto per la loro camera…

Vediamo insieme come sono andate le cose...

LA SPESA SI FA
GUARDANDO
LE OFFERTE!

E QUESTO È IL MOTIVO
PER CUI I TUOI
GIORNALI PREFERITI
SONO I VOLANTINI!

La televisione della camera

A: Amore, ho trovato la televisione perfetta per la camera! Costa 350 euro ed è sessantasei pollici!
M: Ali... Con questo prezzo temo ci sia qualcosa che non torna...

Ma se Alice pensa che quello sia un affare, l'affare si fa, e dunque il bolide da sessantasei pollici di marca sconosciuta viene comprato per trecentocinquanta euro.

Risultato?

M: Posso dirlo io?
N: Prego!
M: Siamo riusciti a portarci a casa la fogna delle fogne di tutte le televisioni mai prodotte, che quando devi scorrere il menù ci metti due ore, ma non per dire: proprio due ore!
A: Be', amore, è un ottimo modo per addormentarsi...
M: Come se io ne avessi bisogno!

Comunque, il bilancio dopo un anno insieme, è che sia Mirko sia Alice non potrebbero mai cambiare quella televisione lenta e scassata perché le sono troppo affezionati, ormai fa parte della loro routine, le vogliono bene così com'è!

→ Dobbiamo fare un regalo...

A: Io spendo soldi solo per i regali a Mirko, per gli altri no.

M: Non è che per gli altri non spenda. Peggio! Fa dei regali allucinanti.

A: Esagerato…

M: Vuoi che ti ricordi quella volta che volevi regalare una scatola di cioccolatini del supermercato per un compleanno?

A: Era una bellissima scatola.

M: O quando è nata la bambina di una coppia di amici e hai comprato non so quante cremine, per avere tante cose da scartare, ma tutte schifose!? O quando stavamo andando dai tuoi parenti in America e gli volevi portare la pasta e il torrone taroccati?!

A: Se poi vedi come è andata a finire…

M: Ali, eravamo ospiti, e tu volevi presentarti con quella roba infame solo per risparmiare qualche euro?! Alla fine mi sono impuntato, perché io sono orgoglioso delle mie origini, e ho scelto la mortadella e i salami per suo cugino.

A: Peccato che poi, per la febbre suina, ci abbiano sequestrato tutto alla dogana.

"AMORE, HO TROVATO LA TELEVISIONE PERFETTA PER LA NOSTRA CAMERA!"

"...ABBIAMO PORTATO A CASA LA FOGNA DI TUTTE LE TELEVISIONI."

Piccole soddisfazioni: La mancia

Vi ricordate quando nel primo capitolo abbiamo raccontato che Alice non avrebbe mai pagato, ammesso che sarebbe mai potuto esistere, un biglietto per saltare una coda?

Bene...

Recentemente Alice e Mirko erano a Napoli, in coda per mangiare la pizza in una nota e frequentatissima pizzeria. Una coda molto lunga. Un po' per scherzare, un po' no, Mirko è andato dal cameriere che teneva le prenotazioni per la fila e gli ha chiesto se, lasciando una bella mancia, sarebbero potuti avanzare più in fretta.

A sorpresa questo gli ha risposto: «Sì, per una bella mancia sì».

A Mirko, a quel punto, è venuto un colpo. Davanti a lui c'era Alice che lo guarda. Quanto poteva offrire senza che lei lo scuoiasse vivo?

Mirko sapeva che doveva prendere una decisione, e che lo doveva fare velocemente, ma sudava freddo. Si ricordava ancora del cazziatone che si era preso al mare. Quanto sarebbe stato giusto offrire?

Poi ha preso coraggio e ha sparato: «Dieci euro?».

«Affare fatto.»

Mirko si è voltato verso Alice, e lei ha SORRISO.

M: Amore! È un miracolo! Che ti è successo?

RINGRAZIAMENTI

N: E come ogni storia che si rispetti siamo arrivati alla fine, all'ultima pagina del libro.
Mica vorremo lasciarla bianca, vero, ragazzi?

A: Assolutamente no!

M: Certo che no!

N: Oh, per una volta siete d'accordo su qualcosa!

Un grazie enorme a Rosella perché ha creduto in noi dal giorno 1.

Grazie a Saschia per la sua pazienza e il suo affetto.

Impossibile non ringraziare le nostre fanpage per la loro costante vicinanza!

Infine, grazie a te che stai leggendo per il tuo supporto.

Pubblicato per

MONDADORI
ELECTA

da Mondadori Libri S.p.A.

Progetto grafico e copertina: Studio Noesis
Fotografie: Nicola Cordì
Illustrazioni: Andrea Modugno

ISBN 978-88-918-3792-9
Prima edizione: aprile 2023

Questo volume è stato stampato presso
Elcograf S.p.A., via Mondadori 15, Verona

Stampato in Italia – Printed in Italy